AF382930

LE DIAGRAMME D'ISHIKAWA

Les liens de cause à effet

Par Ariane de Saeger
Sous la direction de Brigitte Feys

50MINUTES.fr

LE DIAGRAMME D'ISHIKAWA

- **Dénominations ?** Diagramme d'Ishikawa, diagramme en arêtes de poisson, diagramme cause et effet ou encore 5M.
- **Usages ?** Le diagramme d'Ishikawa identifie les causes et les effets d'un problème de manière synthétique. Il peut également être utilisé comme outil d'analyse dans la gestion de projet (et plus particulièrement dans la gestion des risques) ainsi que dans la recherche de la qualité.
- **Efficacité ?** Cet outil permet de ne pas omettre certaines causes d'un problème rencontré et de fournir les éléments nécessaires à l'étude de solutions potentielles du problème. Ce diagramme est considéré comme un outil de gestion de la qualité.
- **Mots-clés ?**
  - *Brainstorming* : en français « remue-méninges », cette technique de recherche originale est fondée sur la communication

réciproque, dans un groupe, des associations libres de chacun.

- ◦ Cause : ce qui produit, ce qui est à l'origine, la raison.
- ◦ Démarche : méthode, manière de conduire un raisonnement.
- ◦ Effet : résultat, conséquence.
- ◦ Part de marché : pourcentage des ventes de l'entreprise par rapport aux ventes totales du secteur.
- ◦ Problème : question ou interrogation qui prête à discussion et qui demande une résolution.
- ◦ Solution : réponse à un problème, à une question.

HISTORIQUE

Le diagramme d'Ishikawa a été inventé par le professeur Kaoru Ishikawa (1915-1989), ingénieur chimiste de l'université de Tokyo. Expert japonais reconnu comme précurseur en matière de théorie de gestion de la qualité, il utilise ce diagramme pour la première fois en 1943 pour tenter d'expliquer à un groupe d'ingénieurs de Kawasaki Steel Works, célèbre société japonaise de sidérurgie, comment comprendre un problème tout en s'appuyant sur l'analyse d'un ensemble – le plus exhaustif possible – de facteurs complexes.

DÉFINITION DU MODÈLE

Le diagramme d'Ishikawa est un outil graphique, utilisé en entreprise, qui offre une vision globale des causes génératrices d'un problème et des effets qui en découlent. Les causes étant hiérarchisées, il est dès lors possible d'identifier précisément les sources du problème.

THÉORIE – PRÉSENTATION DU CONCEPT

Si le diagramme en arêtes de poisson est principalement utilisé en entreprise comme outil de gestion de la qualité ou de projet, il se prête aussi particulièrement bien à la gestion des risques. En effet, le diagramme permet non seulement de résoudre un problème, mais aussi de l'anticiper. Par exemple, lorsqu'une entreprise est désireuse de mettre un projet en place, elle s'interroge sur les aspects qui peuvent rentrer en considération si son projet échoue. En évaluant les différents éléments qui pourraient causer l'échec du projet, elle sait directement où focaliser son attention pour éviter que le problème ne surgisse réellement.

L'OBJECTIF DU DIAGRAMME D'ISHIKAWA

La méthode d'Ishikawa est un outil de planification d'entreprise qui a pour objectif d'analyser graphiquement et de manière structurée les liens de cause à effet d'un problème bien précis.

HYPOTHÈSES

Le modèle d'Ishikawa pose deux hypothèses :

- il existe un nombre limité de causes principales et secondaires pour chaque problème ;
- la distinction de ces deux types de causes est une première étape vers la résolution du problème.

COMPOSANTES DU MODÈLE

Le professeur Ishikawa classe les différentes causes d'un problème en cinq grandes familles, appelées « les 5M ».

- **Matière** : il s'agit de tout ce qui est consommable ou utile au projet comme les matières premières, le papier, l'eau, l'électricité, etc.

- **Milieu** : cette notion correspond à l'environnement, au contexte qui peut avoir un impact sur le projet (lieu de travail, les espaces verts, etc.).
- **Méthodes (et Management)** : elle comprend les procédures existantes, le flux d'information, la recherche et développement, les modes opératoires utilisés, etc.
- **Matériel ou Machine** : cela concerne le matériel nécessaire utilisé pour le projet. Par exemple : les locaux éventuels, les pièces de rechange, les équipements, le matériel informatique, les logiciels, les technologies, les machines ou le gros outillage. Cette catégorie requiert généralement un investissement.
- **Main-d'œuvre** : elle fait référence aux ressources humaines qui participent au projet et aux qualifications du personnel.

Chaque catégorie peut se voir intégrer d'autres causes ou catégories de cause selon le niveau de détail recherché.

Le diagramme d'Ishikawa

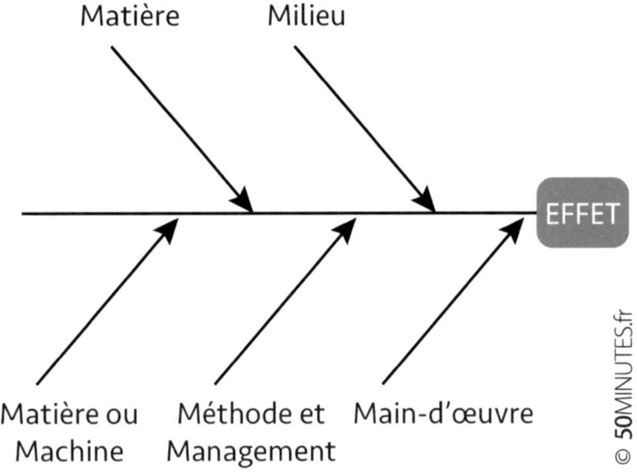

D'UN MODÈLE DE 5M À UN AUTRE DE 7 OU 8M

Au départ limité à 5M, le diagramme s'est étendu à 7 ou 8M selon les cas. L'objectif, lui, est resté inchangé, autrement dit, il permet toujours une visualisation concrète, synthétique et exhaustive des causes d'un problème qu'il convient de traiter prioritairement, mais aussi et surtout l'identification de la solution la plus efficiente.

Se rajoutent aux 5M initiaux :

- **Mesure** : cela correspond à tout ce qui peut être quantifié pour arriver à l'effet ;
- **Management (si non considéré dans le M de Méthodes)** : il s'agit des méthodes d'encadrement, du style de commandement, etc. ;
- **Moyens financiers** : le budget, les coûts, les revenus, etc. qui auront inévitablement un impact sur tous les autres M.

AVANTAGES

Le diagramme d'Ishikawa offre de nombreux avantages, car il permet de :

- classer toutes les causes liées au problème posé ;
- dégrossir un problème relativement conséquent ;
- faire participer chaque membre de l'équipe à l'analyse et créer ainsi une dynamique de gestion de projet ;
- limiter l'oubli de certaines causes grâce au travail de groupe ;
- identifier les domaines à approfondir, où l'information fait parfois défaut ;

- analyser un problème, quel que soit le secteur ou le domaine d'activités dont il est issu ;
- fournir des éléments pour l'élaboration d'une solution adaptée au problème posé ;
- donner une vision synthétique des liens de cause à effet.

Ce type d'outil participatif, tel que celui que Kaoru Ishikawa propose, offre un champ de vision et de réflexion relativement large qui permet de dépasser des constatations trop simplistes lorsqu'un problème se pose. En effet, il élargit le champ des causes possibles du problème (potentiel) et par la même occasion, il identifie des solutions et des interventions à mettre en place pour éviter ou résoudre un problème défini.

LIMITES DU MODÈLE ET EXTENSIONS

LIMITES ET CRITIQUES DU MODÈLE

- Malgré ces nombreux avantages, on note que le diagramme d'Ishikawa n'est pas particulièrement utile pour des problèmes extrêmement complexes où les causes sont nombreuses et les problèmes liés entre eux. Or, ce sont souvent ces interrelations qui sont à l'origine d'un problème survenu ou potentiellement à venir.
- Une deuxième critique adressée au modèle est la hiérarchisation des causes. Cette dernière est réalisée en fonction de l'expérience du groupe de travail quand elle ne s'appuie pas sur l'analyse statistique du problème antérieurement survenu. Cette hiérarchisation peut alors varier d'un groupe à l'autre, selon les subjectivités, et être moins pertinente et aboutie qu'avec des données strictement statistiques.

Généralement, il est conseillé d'assortir la méthode d'Ishikawa d'une autre méthode afin de s'assurer de l'objectivité et de la pertinence de l'analyse.

EXTENSIONS ET MODÈLES CONNEXES

Plusieurs outils peuvent élargir la réflexion pour un même problème posé.

Les 5 pourquoi

La méthode des 5P (ou « 5 pourquoi »), proposée par l'ingénieur industriel japonais Taiichi Ohno (1912-1990), vise à rechercher les causes racines d'un problème.

La méthode est simple, mais très efficace : elle consiste à se poser cinq fois la question du « pourquoi » en vue de remonter à la source réelle du problème. Ainsi, après avoir identifié la cause superficielle, le groupe de travail cherchera à retrouver les différentes causes racines du problème en s'interrogeant à l'aide des « pourquoi » – celles-ci apparaissent généralement après le deuxième ou le troisième pourquoi. La plupart du temps, on retrouve des causes organisationnelles à la base du problème. Il est important de ne pas se précipiter et de considérer les différents niveaux avec précision pour éviter de passer à côté de certains éléments-clés. Il s'agit là d'une méthode largement semblable au diagramme d'Ishikawa.

Le diagramme des 5 « pourquoi »

Théorie	*Exemple*
Pourquoi 1	Produits finaux non conformes aux exigences de qualité
Pourquoi 2	Problème de calibrage de la machine de fabrication
Pourquoi 3	Entretien de la machine négligé
Pourquoi 4	Personnel peu qualifié
Pourquoi 5	Manque de personnel

Le diagramme de Pareto

Outil d'analyse de données, ce diagramme – ou plutôt histogramme – permet de visualiser l'occurrence des problèmes en pourcentage et par ordre décroissant. De cette manière, la priorité de l'action est plus explicite, car le décideur sait sur quel élément porter son attention. Il s'agit d'un système élémentaire qui facilite la visualisation de l'importance d'un problème.

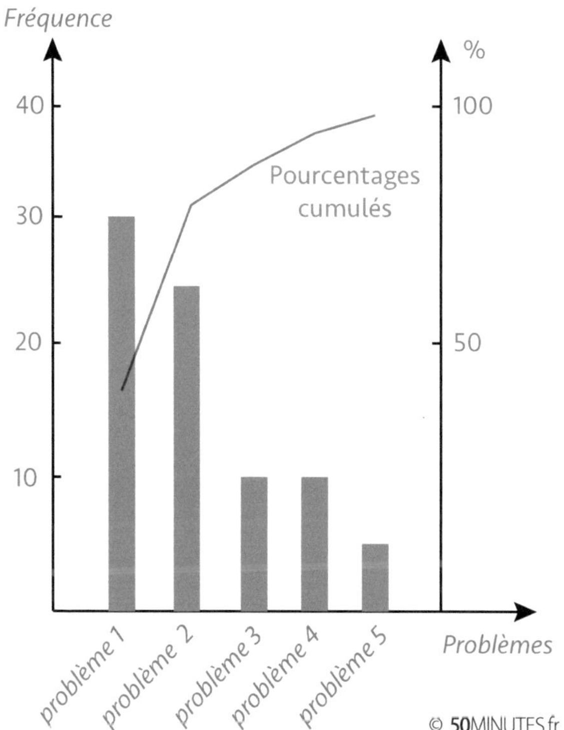

La grille d'efficacité

La grille d'efficacité est un graphique qui expose les différentes solutions possibles. Alors que les autres outils élargissent le champ de réflexion sur l'origine du problème, la grille d'efficacité permet une approche plus mathématique et compare à la fois l'efficacité et le coût de la solution. Une fois la grille réalisée, celui qui s'interroge choisira assez logiquement la solution qui s'avère être la plus efficace pour un moindre coût (efficience), tout en tenant compte de sa faisabilité. Si, pour une raison ou pour une autre, l'équipe n'opte pas pour cette solution, elle sera invitée à motiver son autre choix en exposant les objectifs hiérarchisés spécifiquement réfléchis pour le projet.

L'axe des abscisses représente le coût et celui des ordonnées l'efficacité.

La grille d'efficacité

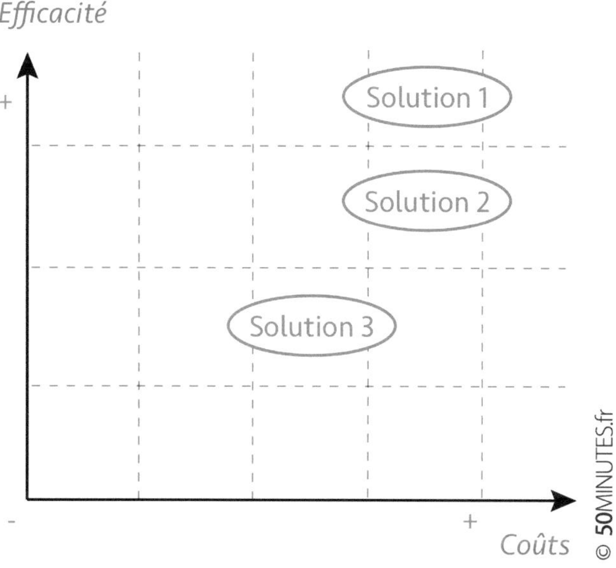

Il convient de placer dans les cellules les potentielles solutions en fonction de leur coût et de leur efficacité. Attention, il est important de bien garder en tête quelques notions concernant l'analyse coût-efficacité :

- l'efficacité est mesurée en fonction d'un résultat unique déterminé au préalable ;
- le coût doit être mesuré de manière globale ;
- c'est un instrument d'évaluation de projet, de

programme lorsque l'objectif peut être réduit en un résultat unique ;

- cette analyse peut être utilisée avant, pendant et après un projet.

En procédant de la sorte, la solution la plus avantageuse, soit la plus efficace pour le moindre coût, s'imposera.

La méthode CARREDAS

Comme la grille d'efficacité, la méthode CARREDAS est davantage orientée sur la recherche de solutions que sur les causes. Cependant, elle reste un outil intéressant et complémentaire au diagramme d'Ishikawa.

La réussite de cette méthode dépend, entre autres, de la participation active du groupe de travail ainsi que de la diversité des métiers et des compétences des participants qui le composent. La démarche à suivre pour la mise en œuvre de cet outil est plus conséquente que celles nécessaires pour le diagramme d'Ishikawa et pour les méthodes complémentaires développées précédemment.

Le CARREDAS

Étapes	Missions	Pratique
C	Choisir un problème	Caractériser un problème avec une phrase de type « le problème est …»
A	Analyser ce problème	Analyser le problème avec QQOCC (qui, quoi, où, combien, comment)
R	Rechercher les causes	Appliquer la méthode des 5P d'Ohno, le diagramme d'Ishikawa et celui de Pareto
R	Rechercher les solutions	Faire appel à l'innovation et à la créativité des participants
E	Essayer	Tester les solutions
D	Décider	Utiliser un outil d'aide à la décision (le vote, par exemple)
A	Appliquer	Mettre en œuvre les solutions via des plans d'action
S	Suivre	Contrôler la mise en application des solutions avec des indicateurs de mesure de performance

Conclusion

On observe que les différents modèles sont connexes et que l'analyse d'un problème, celle de ses causes ainsi que celle de ses solutions vont de pair. En effet, il est difficile de concevoir le diagramme d'Ishikawa comme un outil isolé, car l'analyse des causes ne se fait pas sans une bonne analyse du problème et de ses solutions. Dans tous les cas, le gestionnaire reste dans une démarche continue et utilise le maximum d'outils méthodologiques pour résoudre un problème donné avec son groupe de travail jusqu'à la conviction d'obtenir des pistes de solutions rationnelles.

MISE EN PRATIQUE DU CONCEPT

CONSEILS ET *BEST PRACTICES*

Étapes de la construction du diagramme

La construction du diagramme d'Ishikawa est progressive et se réalise au travers d'une mise en œuvre graduelle des différentes étapes de travail, nécessaires à la réflexion et la bonne mise en application graphique du problème. Concrètement, il faut :

- **définir clairement le problème** et, une fois ceci fait, tracer une flèche horizontale pointée vers le problème, accident ou effet ;
- **dresser un inventaire des causes possibles** (en brainstorming par exemple) et travailler avec des personnes compétentes et expertes dans le domaine du problème ;
- **récupérer les données du brainstorming ;**
- **classer les idées par familles (5-8M).** attention, tous les M ne font pas nécessairement

l'objet d'une branche. Il faut garder en tête que la méthode d'Ishikawa doit être adaptée au métier, au contexte et à la problématique. Cette étape permet de pouvoir tracer les flèches secondaires qui doivent être rattachées à la flèche horizontale principale. Chacune d'elles représente une des familles de causes potentielles ;

- **rechercher, pour chaque branche, les causes racines du problème** qui n'ont jusqu'alors, pas été découvertes. Suite à cette étape, il est possible de tracer de plus petites flèches correspondant aux causes des différentes familles ;
- **évaluer les causes prioritaires** et soupeser chaque cause pour déterminer les axes d'action prioritaires et les hiérarchiser ;
- **choisir les causes sur lesquelles agir**, une fois le diagramme dessiné, et cela en fonction de la priorité accordée à l'une ou l'autre. Les causes potentielles et les causes secondaires seront alors divisées en deux groupes ;
- **mettre en place des solutions et des actions correctives.** Cette étape peut correspondre à une phase-test ou à une phase d'implémentation d'une solution.

Tous les éléments sont ainsi rassemblés, ce qui permet au gestionnaire de projet de visualiser le « poisson à arêtes » et d'organiser des groupes de travail en fonction des solutions à tester. Pour chaque M sera schématisée une « arête » comme celle ci-dessous.

Une arête de poisson

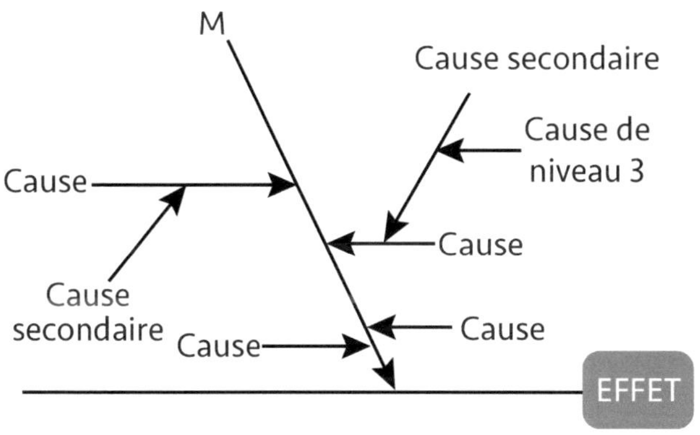

Écueils à éviter

La difficulté du diagramme d'Ishikawa ne repose pas tant sur sa méthodologie par étapes, qui en réalité facilite sa construction, mais plutôt sur la négligence de certains éléments-clés :

- **l'importance du travail en équipe.** Ce dernier sous-tend toute la réflexion pendant et après la construction du diagramme. En effet, sans une large réflexion, sans une équipe avec des compétences diversifiées, sans un esprit de groupe ou encore une participation active et dynamique collective (recherche de pistes, accord consensuel sur les priorités, etc.), les causes du problème ne seront pas complètement analysées et la solution la plus anodine pourrait ne pas être envisagée ;

- **l'utilisation de l'outil.** Si le diagramme d'Ishikawa est considéré comme un outil de gestion de la qualité, il ne faut toutefois pas le réduire à son utilité première. En préparation d'un projet, cet outil peut être utilisé pour l'analyse contextuelle et/ou pour l'analyse des risques potentiels, aspect du plus en plus pris en compte actuellement dans les entreprises. Par ailleurs, il serait dommage de le considérer uniquement comme un outil de recherche des causes du problème, car il peut aussi servir d'outil d'analyse des causes du succès ;

- **la nature du brainstorming.** Il est conseillé d'échanger les points de vue avec tous les membres de l'équipe afin d'aborder l'ensemble

des aspects (causes et effets) du problème défini, chacun étant libre d'exprimer son avis personnel sur le problème en question ;
- **le respect de la démarche.** Il est important d'arriver progressivement à classer les causes de manière hiérarchisée selon leur degré de priorité par rapport au problème. En effet, le diagramme en arêtes de poisson repose principalement sur un questionnement et des réflexions croisées sur la problématique étudiée ;
- **l'étendue de son applicabilité.** La méthode Ishikawa, bien que proposée initialement à des ingénieurs et généralement orientée vers le monde de l'entreprise, doit pouvoir être davantage appliquée à tous les secteurs (public comme privé), dont les hôpitaux par exemple. Il conviendra dès lors d'adapter la terminologie et les facteurs étudiés de cet outil au secteur d'activité auquel l'analyse s'applique.

Recommandations

Le diagramme d'Ishikawa est abordé dans de nombreux ouvrages de référence, qui fournissent une multitude d'avis pertinents concernant la bonne mise en application de cet outil. De nos lectures, nous retenons quelques conseils :

- **être méthodique.** Si le diagramme d'Ishikawa est un outil très intéressant et efficace, il reste important de ne pas brûler les étapes et de rechercher les causes avant les solutions ;
- **être attentif.** Lors de la discussion, des nouvelles causes peuvent être évoquées. À ce stade du brainstorming, il ne faut rien laisser de côté afin de favoriser la créativité, l'esprit d'ouverture et les propositions du groupe ;
- **être méticuleux.** Si les causes sont trop nombreuses et mènent à un diagramme trop compliqué, il est préférable de le construire par branche ;
- **être pragmatique.** Il est essentiel d'adapter la terminologie de cet outil à son secteur ;
- **être complet.** Il ne faut pas se limiter aux causes négatives, mais analyser aussi les causes positives ;
- **être précis.** Vérifier sur le terrain que les causes déterminées engendrent bien l'effet constaté.

ÉTUDE DE CAS

Le diagramme d'Ishikawa suppose l'analyse facile, simple et structurée d'un problème par la définition de ses causes et de ses effets. Prenons l'exemple d'un supermarché, situé à Genève, qui fait face à un très mauvais taux de satisfaction de sa clientèle et supposons que :

- ce supermarché est un magasin très connu qui possède autant de part de marché que les autres supermarchés de la ville de Genève ;
- l'enseigne vise un taux de satisfaction annuel de 80 % de ses clients ;
- son département marketing décide de mettre en place une étude de satisfaction afin de se rendre compte de la perception des services qu'elle propose auprès ses clients ;
- l'enquête est relativement courte : une question par thème est posée, à savoir « Êtes-vous satisfait de ... ? », à laquelle il faut répondre via une échelle de satisfaction allant de 0 à 5 (0 correspondant à une insatisfaction totale et 5 à une satisfaction totale). Les thèmes abordés sont : la qualité du personnel, celle des produits consommés, l'infrastructure, la localisation du supermarché, etc.

Soulignons qu'une étude de satisfaction plus détaillée aurait pu aider l'équipe à mieux cerner les causes réelles de l'insatisfaction globale.

Cependant, comme la clientèle y accorde généralement peu de temps, les enquêteurs préfèrent souvent leur proposer un court questionnaire.

Problème rencontré

Après avoir interrogé près de 500 clients dans une dizaine de magasins, le dépouillement des résultats expose un faible taux de satisfaction de la clientèle, soit seulement 20 %.

Application du modèle

Pour agir de manière concrète, l'équipe marketing décide de procéder à l'analyse des causes du problème avant de dégager une quelconque solution, voire même un plan d'action.

Le manager du département marketing désire mettre en place un groupe de travail composé des membres de différents départements aux compétences diversifiées et assortis d'une expérience de longue date. Pour ce faire, il contacte chaque département (communication, finance, produit, logistique, etc.) en vue d'obtenir, lors du brainstorming, un aperçu plus large des causes sous-jacentes. Une fois les membres sélectionnés, il leur explique préalablement que l'objet de la prochaine réunion de travail est de dégager les causes qui sous-tendent le constat inquiétant révélé par l'enquête auprès des clients, soit un taux de satisfaction de 20 %, ce qui est loin de rencontrer l'objectif annuel de 80 % fixé initiale-ment. Le manager peut ainsi, à l'avance, demander aux participants de mettre sur papier ce qui, selon eux, est à l'origine (causes principales et secondaires) de ce problème.

- **Première réunion.** Lors de la première réunion de brainstorming, les débats sont animés et les idées partagées. L'animateur de la session de travail dresse une liste de toutes les causes abordées selon les cinq grandes familles de causes proposées par Ishikawa : milieu, matière, méthode, machine/matériel et main-d'œuvre. La cause liée à l'aspect budgétaire, soit les moyens financiers, n'est dans ce cas pas négligeable au vu du contexte commercial. Par exemple, dans une situation de crise éco-nomique, si on réduit le personnel, la qualité du service peut être moins bonne et entraîner dès lors une diminution de satisfaction de la clientèle.

- L'intervention de l'animateur dépend, naturellement, de la dynamique de groupe et sera, selon les situations, plus ou moins participative. Dans tous les cas, il demande aux participants de classer les causes, qui ont été identifiées, de manière prioritaire ou secondaire et de n'omettre aucune supposition concernant l'origine du problème, même si cette dernière est difficile à entendre pour un manager.

- **Prise de recul.** Après cette étape, il est toujours bon de laisser aux intervenants un moment de recul pour pouvoir revenir sur d'autres éléments omis lors du premier brainstorming. Parallèlement, cela laisse du temps au manager de réorganiser les différentes notions amenées par le groupe, de se poser de nouvelles de questions, de placer les causes discutées sur le diagramme et d'observer les familles de causes non encore exploitées. Dès lors, il jouit d'un aperçu global et d'une vision plus claire qui lui permet d'entrevoir distinctement les causes prioritaires à analyser en profondeur.

- **Seconde réunion.** Durant cette nouvelle séance de travail, il convient de résumer le problème et les causes pour pouvoir déterminer la ou les cause(s) prioritaire(s). Le groupe de travail réfléchit ensuite aux actions à mettre en œuvre dans les différents départements auxquels ils appartiennent pour écarter la ou les cause(s) racine(s) du problème d'insatisfaction.

Revenons-en au problème et aux causes potentielles débattues par le groupe de travail.

- Milieu : localisation du magasin très décentrée.
- Matière : pas de rayon consacré aux produits bio.
- Méthode : pas assez de personnel ce qui provoque des files à la caisse, des horaires du magasin peu flexibles, un service après-vente par téléphone inefficace.
- Machine/Matériel : plusieurs problèmes rencontrés lors de l'utilisation du *self scanning*, problèmes avec les caisses électroniques, etc.
- Main-d'œuvre : personnel désagréable et/ou incompétent, service clientèle inefficace et/ou inexistant.

Les facteurs qui causent l'insatisfaction de la clientèle sont si nombreux, qu'il aurait sans doute été utile de placer, à la fin du questionnaire de satisfaction, une case « recommandations » ou « conseils » pour que les clients mécontents puissent s'exprimer librement.

Enfin, si la cause définie comme prioritaire cible un personnel trop incompétent – manque de connaissance des produits proposés par le supermarché – et qu'il faut y remédier rapidement et efficacement, des solutions efficientes devront être envisagées. Parmi celles-ci, on pourrait notamment retrouver des formations expliquant clairement les différents produits de l'assortiment offert par l'enseigne ou les fondamentaux de la relation à établir entre le client et l'employé.

Entre six mois et un an après avoir opéré les ajustements nécessaires, il ne faut pas oublier de contrôler les résultats pour confirmer l'impact effectif de la mise en place du plan d'action mené. Pour ce faire, l'équipe marketing pourra, entre autres, lancer une nouvelle enquête de satisfaction.

Conclusion

La qualité de gestion d'un problème peut se faire de manière simple pour autant qu'elle soit réfléchie et structurée. Dans cet exemple, il est compliqué d'exposer que le résultat de l'utilisation du diagramme sera automatiquement positif et qu'un an après, les clients seront plus ou moins satisfaits. En effet, des chiffres – taux de satisfaction, chiffres de vente, etc. – issus du département financier pourraient aider à définir plus précisément la cause. En effet, si les ventes et la satisfaction client sont en baisse, il est aisé de déduire que la qualité du produit a diminué et qu'il faut dès lors porter son attention cette fois sur la matière.

Les autres modèles connexes développés plus tôt permettent par ailleurs de compléter la démarche d'Ishikawa.

EN RÉSUMÉ

- Le diagramme d'Ishikawa est un outil de gestion de qualité inventé dans les années quarante par l'ingénieur japonais Kaoru Ishikawa.
- Cette méthode suppose l'analyse structurée d'un problème par l'identification de ses causes et de ses effets.
- Les étapes qui mènent à la résolution d'un problème sont :
    - l'association des causes à un seul effet ;
    - le classement des causes par familles (5M ou 8M) ;
    - la hiérarchisation des causes ;
    - la définition des priorités ;
    - l'implémentation de la solution la plus adaptée.
- Il s'agit d'une démarche individuelle et collective (mise en commun) dont les aspects essentiels sont : groupe de travail – brainstorming – tracé du diagramme.
- Hypothèse : la qualité du résultat du diagramme obtenu dépend principalement du groupe de travail (complémentarité au niveau

des compétences, des connaissances et des expériences)

- Il existe d'autres outils similaires au diagramme d'Ishikawa :
  - les « 5 pourquoi » ;
  - le diagramme de Pareto ;
  - la grille d'efficacité ;
  - la méthode CARREDAS.
- La schématisation synthétique et claire des causes du problème participe à l'efficacité de l'outil.
- Nos recommandations :
  - travailler méthodiquement en listant les faits ;
  - se baser sur des éléments concrets, précis et avérés ;
  - ne pas sauter les étapes et les approfondir avec rigueur ;
  - utiliser des outils complémentaires pour rendre la démarche constructive et intégrale.

POUR ALLER PLUS LOIN

SOURCES BIBLIOGRAPHIQUES

- AGENCE NATIONALE POUR LA PROMOTION DE L'INNOVATION ET DE LA RECHERCHE AU LUXEMBOURG, « Diagramme d'Ishikawa », 2008, consulté le 12 décembre 2014. http://www.innovation.public.lu/fr/ir-entreprise/techniques-gestion-innovation/resolution-probleme/080629-Diagramme-Ishikawa-fran.pdf

- ANONYME, « Comment utiliser le diagramme d'Ishikawa », in *Manager GO*, 26 septembre 2013, consulté le 12 décembre 2014. http://www.manager-go.com/gestion-de-projet/dossiers-methodes/ishikawa-5m

- ANONYME, « Définition. Diagramme de cause à effet de Kaoru Ishikawa », in *Le Dico du Marketing*, consulté le 12 décembre 2014. http://www.ledicodumarketing.fr/definitions/Diagramme-de-cause-a-effet-de-Kaoru-Ishikawa.html

- EUROPEAN COMMISSION, « L'analyse coût-efficacité », consulté le 22 décembre 2014. http://ec.europa.eu/europeaid/evaluation/methodology/examples/too_cef_res_fr.pdf

- GILLET-GOINARD (Florence) et SENO (Bernard), *Le grand livre du responsable qualité*, Paris, Eyrolles, 2012.

- ISHIKAWA (Kaoru), *La gestion de la qualité. Outils et applications pratiques*, Paris, Dunod, 1984.

- LEHU (Jean-Marc), *L'encyclopédie du marketing*, Paris, Eyrolles, 2012.

- NACHAL (Laila), « La construction d'un diagramme causes-effets », in *InfoQualité*, 16 mai 2011, consulté le 12 décembre 2014. http://infoqualite.accordance.fr/dossiers/dossiers.php?id_dossier=160

- POMMERET (Benoît), *La boîte à outil de l'organisation*, Paris, Dunod, 2013.

SOURCES COMPLÉMENTAIRES

- Portail du *Larousse*.
  http://www.larousse.fr/dictionnaires/francais

- SELMER (Caroline), *La boîte à outils du contrôle de gestion*, Paris, Dunod, 2013.

L'éditeur veille à la fiabilité des informations publiées, lesquelles ne pourraient toutefois engager sa responsabilité.

www.50minutes.fr

ISBN ebook : 978-2-8062-6244-8
ISBN papier : 978-2-8062-6245-5
Dépôt légal : D/2015/12603/112
Couverture : © Lisiane Detaille

Conception numérique : Primento,
le partenaire numérique des éditeurs